Irvin D.
y Robert L. ʙerger

En el corazón de la noche

imago mundi

Irvin D. Yalom
y Robert L. Berger

# En el corazón de la noche

Una historia de reparación y
recuperación de la verdad

Traducción de Cecilia Dávila

**Ediciones Destino**   Colección Imago Mundi   **Volumen 374**

Obra editada en colaboración con Editorial Planeta – España

Título original: *I'm Calling the Police*

© Irvin D. Yalom & Robert L. Berger, 2009
First Published by Basic Books, A Member of the Perseus Books Group
Translation rights arranged by Sandra Dijkstra Literary Agency and Sandra
Bruna Agencia Literaria, SL
All rights reserved

© por la traducción del inglés, Cecilia Dávila, 2009
Composición: Realización Planeta

© 2024, Editorial Planeta, S. A. – Barcelona, España

Derechos reservados

© 2025, Editorial Planeta Mexicana, S.A. de C.V.
Bajo el sello editorial DESTINO M.R.
Avenida Presidente Masarik núm. 111,
Piso 2, Polanco V Sección, Miguel Hidalgo
C.P. 11560, Ciudad de México
www.planetadelibros.com.mx

Primera edición impresa en España: octubre de 2024
ISBN: 978-84-233-6612-5

Primera edición impresa en México: enero de 2025
ISBN: 978-607-39-2227-2

Impreso en los talleres de Corporación en Servicios
Integrales de Asesoría Profesional, S.A. de C.V.,
Calle E # 6, Parque Industrial
Puebla 2000, C.P. 72225, Puebla, Pue.
Impreso y hecho en México / *Printed in Mexico*

# PRÓLOGO

La psicoterapia es, ante todo, un acto de amor a la verdad. Siempre que el terapeuta acepta emprender un tratamiento, asume que a partir de ese instante se convierte en el compañero de viaje de su paciente. Pero ¿cuál es el destino de esa travesía? El infierno individual que lleva en su interior cada *padeciente* que llega al consultorio.

Los que convivimos con el dolor sabemos que la vida no siempre ha sido fácil para algunas personas y que, en ese devenir constante, un sinnúmero de huellas —de cicatrices— han quedado grabadas a fuego en sus mentes como marcas imborrables de las situaciones traumáticas que han atravesado. Es probable que esas personas puedan recordar los sucesos que causaron las heridas, pero para la mayoría, sin embargo, los recuerdos han caído en la nebulosa de un olvido mentiroso.

¿Por qué «mentiroso»? Porque lo cierto es que esos acontecimientos no se olvidan nunca. Al contrario: siguen estando casi de un modo omnipresente y, desde las sombras, son la causa de nuestros síntomas y muchas veces de nuestro sufrimiento. Sin que lo advirtamos, hacemos un gran esfuerzo por expulsarlos de la conciencia, intentando en vano defendernos de un dolor que, más tarde o más temprano, acabará dando con nosotros. Desde ese averno al que han sido condenados, los recuerdos pugnan por salir. Y siguiendo ese impulso, como hijos bastardos de aquellos acontecimientos, aparece lo que llamamos «formaciones del inconsciente»: lapsus, chistes, actos fallidos, síntomas... y sueños.

Desde siempre, el hombre ha sospechado que los sueños tienen mensajes que transmitirnos, que son un lenguaje encriptado que esconde —a la vez que muestra— un secreto que descifrar. Así como las pitonisas de los oráculos griegos, José en los mitos hebreos o Merlín en las historias del rey Arturo, los terapeutas, herederos metafóricos de aquellos antiguos magos o sacerdotes, hemos aceptado el desafío que los sueños nos proponen y hemos descubierto que, efectivamente, guardan la llave para develar un misterio. Un misterio individual que atañe única y exclusivamente al soñante.

En *En el corazón de la noche*, Yalom asume sin pudor esta labor y, como un moderno Champollion, va detrás del jeroglífico que le presenta el sueño de Bob Berger. Sin embargo, este no será para él un caso más; por el contrario, impondrá a Yalom tres escollos de difícil superación. El primero de ellos es que Bob es su amigo. Mucho se ha dicho acerca de la inconveniencia de que un terapeuta se haga cargo del tratamiento de un familiar o de un amigo, y en general participo de esa prevención. Pero, como siempre, el análisis es un caso a caso, y con frecuencia las generalidades deben ser dejadas de lado a la luz de lo subjetivo e individual.

Cuando Bob Berger le dice: «Necesito hablar», coloca a Yalom en una encrucijada. Porque es su amigo, pero a la vez su petición es tan auténtica, tan fuerte —«Algo terrible está sucediendo [...].

Mis dos vidas, día y noche, se están uniendo»—
que un terapeuta de la estatura de Yalom no
puede desoírla. Está siendo convocado a escuchar, a ayudar. Bob le está dando «el privilegio
de conocer sus secretos», y Yalom sabe que hay
puertas que apenas se abren unos segundos en
toda una vida. O nos armamos de valor y avan-
zamos a través de ella hacia «la noche» del sujeto
o es probable que hayamos perdido la única
oportunidad de develar el misterio y, con ello,
ayudar a alguien a descubrir la causa oculta de
sus angustias.

La segunda dificultad que se le presenta está
relacionada con el escenario en el cual transcurre la escena primordial de la angustia de Bob,
ya que dicha experiencia tiene como origen una
historia que también afecta emocionalmente a
Yalom. Es más, remite a algo de lo que él mismo
hace tiempo que huye.

Los horrores del Holocausto, la muerte y la
tortura, la degradación a la que se sometió a «su»
gente son algo a lo que no ha querido enfrentarse a lo largo de su vida. Y ahora están allí. Se le
presentan de un modo descarnado y angustian-

te. Su amigo va a mostrarle la verdadera cara de un demonio que Yalom viene eludiendo desde hace tiempo. Bob, como Orfeo, ha estado en el infierno y ha regresado. Y quiere contarle todo lo que nunca ha querido ver. Yalom no ha sido capaz de enfrentarlo por él mismo, ¿será capaz de hacerlo por Bob?

La narración expone con una dureza y una claridad impactantes la lucha interna del terapeuta. Él podría haberse aferrado a sus miedos o encontrar una excusa en la amistad que los une para no tener aquella charla, aquella única sesión. Pero el espíritu que lo ha llevado a elegir su trabajo como «curador de corazones rotos» se impone. El coraje del analista puede más que los miedos del amigo. Y hacia allí se dirige, a pesar de sus temores: a la búsqueda del infierno de Bob, que tal vez despertará alguno de sus propios infiernos.

Los analistas no extraemos nuestras interpretaciones de la nada. Por el contrario, nos nutrimos del material que los pacientes nos van suministrando a lo largo de la terapia. Eso nos lleva a ejercitar la paciencia, a saber esperar, a darnos tiempo para ir reuniendo elementos que nos permitan montar el intrincado rompecabezas que nos presenta cada historia de vida.

Y si se presta atención, esa es otra de las dificultades que este caso le plantea a Yalom: el tiempo. Este tratamiento transcurrirá en una sola noche. Cuenta apenas con unas pocas horas para escuchar, separar del relato manifiesto lo que subyace de forma latente, interpretarlo y devolver a Bob alguna intervención que en adelante ilumine su vida. Tarea nada fácil. Pero, seguramente, él ya sabía antes de empezar que iba a enfrentarse a estos escollos. Y un buen terapeuta —como Yalom— es, antes que nada, un hombre valiente.

En el breve tiempo en el que transcurre este «tratamiento», cuatro son los elementos fundamentales que aparecen en el relato de Bob: su historia siendo un niño en manos del nazismo; un episodio reciente en un viaje a Venezuela; una frase que, dicha por él mismo, lo sorprende y provoca una serie de asociaciones que lo llevan a un recuerdo reprimido, y un sueño.

Este es el escaso pero valioso material que

Bob, a quien a estas alturas podemos llamar «el paciente», aporta. Y con esta arcilla confusa y mezclada, Yalom deberá descifrar y construir un sentido que abra por fin la puerta al inconsciente y arroje luz sobre el mundo oscuro de Bob.

A lo largo del relato, Yalom va pasando por diferentes estados. Al principio es un amigo algo confundido, con sus prejuicios y temores a la vista. Y la excelente escritura del autor nos permite sentir esa perturbación que lo atraviesa. Pero a medida que avanza, el terapeuta que lleva en la sangre va ganando terreno. Y hay una escena que marca el momento fundamental de ese giro. Bob ha narrado un suceso terrible de su niñez y, algo habitual en situaciones de este tipo, sucumbe a la angustia. En casos así suele imponerse el silencio porque el paciente, invadido por la emoción, se ha quedado sin palabras. No encuentra símbolos que definan el dolor y, como en este caso, el horror que genera el recuerdo. Es entonces cuando, en nuestra función de analistas, debemos ayudarlo a hablar, a que pueda decirse algo sobre aquello que parece imposible decir. Y Yalom lo hace.

Bob tiene «la mirada perdida en la distancia, como si estuviera soñando». Es un momento especial en esa extraña noche. Yalom lo percibe, por eso dice: «Tenía las pupilas dilatadas y, por una vez, miré dentro de ellas».

Lo que en realidad está diciendo es que jamás había visto de esa manera los ojos de su amigo, que por primera vez los ve así. Y es comprensible que sucediera de este modo, pues por primera vez no ve los ojos de su amigo, sino la mirada de un paciente. Y es en ese instante cuando se instala definitivamente en el papel de terapeuta e interviene, como tal, de la única forma posible: con simplicidad. Porque lo que importa no es lo que se dice, sino desde qué lugar se dice. Apenas formula una pregunta: «Y ¿entonces?».

Pero esa pregunta basta. Porque con ella le pide a Bob que siga hablando, le sugiere que hay algo más que puede decir al respecto; que a él, Yalom, le importa eso que tiene que decir, y que está dispuesto a escucharlo sin retroceder ante la angustia y sin abandonarlo. Ese es el lugar del analista. Y a partir de ese deslizamiento, cuando el amigo da paso al terapeuta, todo es diferente. Yalom se olvida de sus prejuicios y de sus temores porque lo que le importa es el dolor del otro, del paciente. Y él sabe cómo debe actuar para ayudarlo.

Sin embargo, hay que señalar que no basta con un acto de voluntad para que un analista pueda ubicarse en ese sitio. Es necesario además que el paciente nos habilite ese espacio, y Bob lo ha hecho. Cuando comenta que ha tenido un sueño, le dice: «Quizá lo soñé para ti». Yo estoy seguro de que fue así. Ese sueño estaba dedicado a Yalom y era una desesperada llamada de ayuda.

Esa es la invitación que su amigo le hace. Y Yalom la acepta con valentía, con inteligencia, pero sobre todo con la única herramienta que permite el avance de un tratamiento terapéutico: con una ética que nos compromete en pos de una doble meta: aliviar el dolor y develar una verdad.

Por eso, este libro es también una invitación. Empezar a recorrerlo es adentrarse en un mundo increíble y a la vez cotidiano. Porque, parafraseando a Hermann Hesse, esta historia «sabe a insensatez y a confusión, a locura y a ensueño, como la vida de todos los hombres que no quieren mentirse más a sí mismos».

GABRIEL ROLÓN

Gabriel Rolón (La Matanza, Argentina, 1961) es psicoanalista y escritor, y ha participado en diversos programas de radio y televisión. Ha escrito ensayos y novelas, entre ellos *Historias de diván* (2007), *Los padecientes* (2010), *Historias inconscientes* (2014), *La voz ausente* (2018), *El precio de la pasión* (2019) y *El duelo* (2020). Varios de sus libros han sido adaptados al cine, la televisión y el teatro. Es uno de los autores más reconocidos de Sudamérica, con más de dos millones de ejemplares vendidos.

# EN EL CORAZÓN DE LA NOCHE

Cuando la fiesta por el quincuagésimo aniversario de graduados de la Facultad de Medicina se acercaba a su fin, Bob Berger, mi viejo amigo, el único que conservaba de la época de estudiante, me hizo señas de que necesitaba hablar conmigo. A pesar de haber tomado caminos profesionales diferentes, él en la rama de la cirugía cardiaca y yo curando corazones rotos por medio de la palabra, habíamos creado un estrecho lazo que ambos sabíamos que duraría de por vida. En el instante en que Bob me tomó del brazo para apartarme a un lado, supe que algo grave sucedía. Bob rara vez me tocaba. Los psiquiatras percibimos esas cosas. Se inclinó hacia mí y con un tono áspero me dijo al oído:

—Algo terrible está sucediendo... El pasado

está haciendo erupción... Mis dos vidas, día y noche, se están uniendo. Necesito hablar.

> A pesar de haber tomado caminos profesionales diferentes, él en la rama de la cirugía cardiaca y yo curando corazones rotos por medio de la palabra, habíamos creado un estrecho lazo que ambos sabíamos que duraría de por vida.

Entendí. Desde su infancia en Hungría durante el Holocausto, Bob vivía dos vidas: una vida diurna como un afable, dedicado e infatigable cardiocirujano, y una vida nocturna durante la cual fragmentos de recuerdos espantosos asaltaban sus sueños. Yo lo sabía todo acerca de su vida diurna, pero en nuestros cincuenta años de amistad jamás me había revelado nada sobre su vida nocturna.

Tampoco había recibido nunca de su parte una petición explícita de ayuda. Bob era reservado, misterioso, enigmático. Era otro Bob el que me susurraba en ese momento al oído. Asentí: sí, sí. Me preocupaba. Y sentía curiosidad.

Que nos hubiésemos hecho amigos en la facultad era extraño. Berger empezaba con «B» y Yalom con «Y», y ese simple hecho nos debería haber distanciado. Los estudiantes de Medicina normalmente eligen a sus compinches entre los que figuran en la misma sección del abecedario, ya que los compañeros de disección de cadáveres y de laboratorio y las rondas clínicas se asignan alfabéticamente. Yo casi siempre me juntaba con el grupo de la S a la Z: Schelling, Siderius, Werner, Wong y Zuckerman.

Quizá fuera por el aspecto inusual de Bob. Desde el principio, sus vívidos ojos azules me llamaron la atención. Nunca había conocido una mirada tan trágica y lejana, una mirada que atraía, que jugueteaba con la mía pero que nunca la sostenía. Su cara, un *punum**  nada convencional, era cubista: estaba repleta de ángulos agudos, con la nariz y el mentón afilados, como las orejas. Su cutis, afeitado con navaja, era páli-

---

\* Palabra yiddish que significa *cara*. (N. de la t.)

do. «Nada de sol», pensé. Nada de zanahorias. Nada de ejercicio.

Llevaba la ropa arrugada y de un indescriptible tono gris amarronado (jamás lo vi lucir un color vibrante). Y sin embargo me atrajo. En el futuro escucharía a las mujeres decir que era irresistiblemente atractivo. «Irresistible» es un poco exagerado; «seductor», quizá. Sí, me fascinaba. Durante mis años de secundaria y universidad en la pueblerina Washington D. C. nunca había conocido a nadie ni remotamente parecido a Bob.

¿Nuestro primer encuentro? Lo recuerdo bien. Yo estudiaba en la biblioteca de la facultad en la que él pasaba las tardes haciendo investigación bibliográfica para el libro de patología del profesor Robbins (un texto destinado a un futuro brillante, un libro que formó —y continúa formando— a generaciones de médicos de todo el mundo). Una tarde se acercó y me dijo que ya había estudiado bastante para el examen de nefrología del día siguiente.

—¿Quieres ganar algo de dinero? —me preguntó—. Robbins me ha dado demasiado trabajo y necesito un poco de ayuda.

Acepté la propuesta sin dudar. Salvo por lo poco que conseguía vendiendo mi sangre y esperma (la fuente tradicional de efectivo rápido para los estudiantes de Medicina), me mantenía por completo con las ganancias del negocio de mis padres.

—¿Por qué yo? —pregunté.

—Te he estado observando.

—¿Y?

—Podrías tener potencial.

Al poco tiempo, pasábamos tres o cuatro tardes a la semana codo a codo en la Biblioteca Médica de la Universidad de Boston trabajando para el doctor Robbins o en mi apartamento, charlando o estudiando. Era sobre todo yo quien estudiaba; Bob parecía no necesitarlo. Y además se enfrascaba en el juego del solitario hora tras hora: unas veces —según él—, para el campeonato de Nueva Inglaterra; otras, para el campeonato mundial.

Poco después supe que era un refugiado de guerra que había sobrevivido al Holocausto y que había llegado a Boston como desplazado, solo, a los diecisiete años.

Me recordé a la edad de diecisiete años: rodeado de amigos, amparado por mi familia, preocupado por las corbatas anchas, por mi torpe forma de bailar y por las asociaciones estudiantiles. Me sentí ingenuo, blando, flojo.

—¿Cómo lo lograste, Bob? ¿Quién te ayudó? ¿Hablabas inglés?

—Ni una palabra. Con el equivalente a octavo grado entré en la Secundaria Latina de Boston; un año más tarde estaba en el primer curso en Harvard, y de ahí pasé a la Facultad de Medicina.

—¿Cómo? Estoy seguro de que si me hubiese inscrito en Harvard no habría ingresado. Y ¿dónde vivías? ¿Con quién? ¿Algún padrino? ¿Parientes?

—Muchas preguntas. Lo hice solo: esa es la respuesta.

Recuerdo que en nuestra ceremonia de graduación yo estaba acompañado por mi madre, mi padre y mi esposa con nuestro bebé, y a lo lejos pude distinguir a Bob de pie, solo, balanceándose suavemente en sus talones, aferrando su diploma. Después de graduarse consiguió una

pasantía médica, y luego una residencia de cirugía general, seguida por una residencia de cirugía
torácica y cardiaca. Al día siguiente de terminar
las prácticas, le ofrecieron el puesto de jefe de
cardiocirugía en un hospital universitario de Boston, y cinco años más tarde era profesor de Cirugía y titular de Cirugía Cardiaca y Torácica en la
Universidad de Boston. Publicó sin parar, ense-
ñó y operó incansablemente. Fue el primer cirujano del mundo en implantar un corazón par-
cialmente artificial con una esperanza de vida a
largo plazo. Y todo lo logró completamente solo
en el mundo: había perdido a todos en el Holocausto.

Pero no decía nada sobre su pasado. Yo nunca había conocido a nadie que hubiese vivido el
horror de los campos de concentración y ardía
de curiosidad, pero él sorteaba mis preguntas acu-
sándome de *voyeur*.

—Quizá —me decía—, si te portas bien, te
contaré más.

Me porté bien, y aun así pasaron varios años
antes de que accediera a responder a preguntas
sobre la guerra. Percibí un cambio cuando cum-

plimos sesenta años. En primer lugar, parecía más abierto y dispuesto a hablar; luego, a medida que transcurría el tiempo, casi se ponía ansioso por contarme sobre los horrores del pasado.

Pero ¿estaba yo preparado para escuchar? ¿Lo había estado alguna vez? Solo después de comenzar la especialización en Psiquiatría, someterme a análisis y manejar algunas sutilezas de la comunicación interpersonal, pude comprender algo fundamental de mi relación con Bob. No se trataba únicamente de que él guardara silencio sobre su pasado; también sucedía que yo no quería saber. Ambos habíamos conspirado para mantener su largo silencio.

Recuerdo que en mi adolescencia me sentía paralizado, horrorizado y descompuesto cuando veía los noticiarios de posguerra que documentaban la liberación de los detenidos en los campos de concentración. Quería mirar, sentía que debía mirar. Esa era mi gente: tenía que mirar. Pero cuando lo hacía, me sacudía hasta lo más profundo y, aún hoy, no puedo impedir la intromisión de esas crudas imágenes: el alambre de púas, los hornos humeantes, los pocos sobrevivientes esqueléticos vestidos con trapos raídos. Tuve suerte; pude haber sido uno de aquellos esqueletos si mis padres no hubiesen emigrado antes de que los nazis tomaran el poder. Y lo peor de todo eran las imágenes de personajes siniestros trasladando montañas de cadáveres. Algunos de esos cadáveres pertenecían a mi familia: la hermana de mi padre fue asesinada en Polonia, al igual que la esposa de mi tío Abe y sus tres hijos. Mi tío Abe llegó a Estados Unidos en 1937 con la intención de traer a su familia, pero ya fue demasiado tarde.

Las imágenes me revolvían de espanto y me provocaban fantasías de tanta ira que apenas podía soportarlas. Cuando penetraban mi mente por las noches interrumpían mi sueño. Y eran imborrables, nunca se disipaban. Mucho antes de conocer a Bob tomé la decisión de no añadir más imágenes de ese tipo a mi archivo mental y empezar a evitar las películas y narraciones sobre el Holocausto. De vez en cuando intentaba afrontar la historia con más madurez, pero no lo conseguía. Me obligué a ir al cine a ver películas como *La lista de Schindler* y *La decisión de Sophie*, pero no conseguía aguantar más de treinta o cuarenta minutos. Y cada vez que me retiraba de la proyección, renovaba mi decisión de evitarme ese dolor en el futuro.

> Yo nunca había conocido a nadie que hubiese vivido el horror de los campos de concentración y ardía de curiosidad, pero él sorteaba mis preguntas acusándome de *voyeur*.

Los pocos incidentes que Bob me confió eran aterradores. Una historia que me contó hace veinte años sobre su amigo Miklos quedó grabada en mi memoria. Cuando Bob tenía catorce años y vivía en Budapest haciéndose pasar por cristiano y trabajando para la resistencia, se topó con Miklos, a quien no veía desde hacía meses. El aspecto de su amigo lo estremeció: estaba ojeroso, harapiento, como si acabara de escapar de un gueto o de arrojarse desde un tren con rumbo a Auschwitz. Bob advirtió a Miklos de que su aspecto pronto lo delataría frente a los nazis, y lo instó a irse con él y aceptar un alojamiento provisional, un cambio de vestimenta y documentos de identidad cristiana falsificados. Miklos negó con la cabeza y dijo que debía ir a un sitio primero, pero que al cabo de dos horas regresaría al lugar donde se encontraban. Bob lo advirtió una vez más sobre el peligro que corría y le rogó que se marchara con él en ese mismo momento, pero Miklos insistió en que debía ver a alguien por un asunto urgente.

Sin embargo, poco antes de la hora en que debían encontrarse, sonaron las sirenas antiaéreas y las calles se vaciaron. Noventa minutos después, en cuanto sonó la señal del fin de la alerta, Bob corrió hacia el punto de encuentro, pero Miklos jamás apareció.

Después de la guerra supo del destino de su amigo por su viejo profesor de gimnasia, Károly Kárpáti, un judío que pudo eximirse de las leyes antijudías después de haber ganado una medalla de oro para Hungría como luchador en los Juegos Olímpicos de Berlín. Apenas tocó la señal del fin de la alerta, la esposa de Kárpáti se encontraba saliendo del refugio antiaéreo cuando vio a un grupo de nazis arrastrando a un muchacho al vestíbulo de su edificio de apartamentos. Reconoció a Miklos y lo observó desde la distancia. Los nazis le bajaron los pantalones y, al ver que estaba circuncidado, le dispararon varias veces en el abdomen. Miklos sangraba profusamente, pero estaba consciente y suplicaba un poco de agua. La señora Kárpáti trató de alcanzársela, pero los nazis la apartaron de un empujón. Ella anduvo rondando cerca durante una hora o dos hasta que él murió desangrado. Bob terminó su relato de una manera característica: culpándose por no haberlo obligado a marcharse con él de inmediato.

Tuve suerte; pude haber sido uno de aquellos esqueletos si mis padres no hubiesen emigrado antes de que los nazis tomaran el poder.

Esa historia me persiguió durante años. Muchas noches yacía insomne, con el corazón latiendo con fuerza, mientras representaba la escena del asesinato de Miklos una y otra vez en el teatro de mi imaginación.

Y entonces, después de que nuestros compañeros de curso finalmente abandonaran la sala de fiestas del hotel en medio de un coro de «veámonos pronto» y «hasta luego» (todos esos muchachos arrugados de setenta y cinco años y cabello blanco, conscientes de que casi con seguridad no volverían a reunirse nunca), encontramos un rincón tranquilo en el bar del hotel donde hablar. Pedimos un vino espumoso y Bob comenzó su relato.

—La semana pasada me encontraba en Caracas en un viaje de negocios.

—¿Caracas? ¿Estás loco? ¿Con toda esa agitación política?

—A eso voy. Nadie más de nuestro grupo quería ir. Se suponía que sería demasiado peligroso.

—Y ¿era seguro para ti, un viejo de setenta y cinco años medio tullido con tres catéteres en el corazón?

—¿Quieres escuchar la historia o prefieres

jugar una vez más al terapeuta con tu único amigo?

Tenía razón. Bob y yo siempre nos gastábamos bromas. Era la forma singular en que nuestra relación se manifestaba. No lo hacía con mis otros amigos. Estoy seguro de que ese juego era una señal de gran cariño, quizá la única manera que encontramos para estar cerca el uno del otro. Las cicatrices de su infancia y sus múltiples pérdidas impidieron a Bob mostrar vulnerabilidad o expresar afecto abiertamente.

Incapaz de encontrar calma o seguridad, siempre había trabajado a un ritmo vertiginoso, pasando no menos de setenta u ochenta horas semanales en la sala de operaciones o brindando cuidados posoperatorios. Si bien ganaba más que suficiente con dos o tres operaciones a corazón abierto por día, el dinero le importaba poco: vivía frugalmente y donaba la mayor parte de sus ingresos a Israel o a fundaciones relacionadas de un modo u otro con el Holocausto. Por la amistad que nos unía, no podía evitar regañarlo por la sobrecarga de trabajo. Una vez lo comparé con la bailarina de zapatos rojos que no podía parar de bailar. Inmediatamente me respondió que era todo lo contrario: la bailarina bailaba hasta morir y él bailaba para mantenerse vivo.

Su mente increíblemente fecunda generaba nuevas ideas todo el tiempo y se hizo famoso por desarrollar una nueva serie de procedimientos quirúrgicos que salvaron la vida a enfermos muy graves. Cuando se retiró del ejercicio de la cirugía, sufrió una depresión prolongada y profunda, pero se sobrepuso de una manera extraordinaria. Se convirtió en un erudito respecto a todo lo relativo al Holocausto y tomó partido en los recientes debates sobre si la medicina moderna debía hacer uso de los hallazgos de las investigaciones médicas que los nazis llevaron a cabo en los campos de concentración. Un artículo excepcional que publicó en *The New England Journal of Medicine* zanjó la discusión al demostrar que las investigaciones nazis eran en gran medida un fraude. La acción y la eficacia rápidamente terminaron con su depresión.

Echaba a rodar ideas incansablemente sobre distintos tratamientos, novedosos dispositivos o procedimientos quirúrgicos, ideas que hubiesen requerido de una docena de científicos para acabar de cobrar forma. Recientemente había ayudado a desarrollar nuevas maneras de abordar el tratamiento no quirúrgico del enfisema avanzado. Fue uno de los fundadores de la empresa que desarrolló el sistema, lo que lo llevó a realizar numerosos viajes para exponer su trabajo en conferencias médicas.

> Esa historia me persiguió durante años. Muchas noches yacía insomne, con el corazón latiendo con fuerza, mientras representaba la escena del asesinato de Miklos una y otra vez en el teatro de mi imaginación.

Yo sabía que Bob no podía parar de bailar, y aun así seguía dándole inútiles consejos para que fuera más despacio, disfrutara de la vida y encontrara tiempo para llamar a los amigos. Estaba tan compulsivamente atareado y preocupado que en una ocasión se internó en un hospital para que le realizaran un cateterismo cardiaco como consecuencia de una angina grave, sin avisar a su familia ni a sus amigos. Nunca dejé de insistirle en que fuera más abierto, que aprendiera a quejarse un poco, a pedir ayuda. Y él nunca dejó de ignorar mis consejos.

Pero entonces, la noche de nuestra quincuagésima reunión, algo había cambiado. Por primera vez me pedía ayuda y yo estaba dispuesto a dársela.

—Bob, dime exactamente qué pasó en Caracas.

—Fue al final de un viaje de tres días. Había sido un éxito. Los médicos venezolanos estaban impresionados con nuestro nuevo sistema para el tratamiento del enfisema y dispuestos a iniciar una prueba clínica en el Hospital Universitario. Debido al considerable riesgo de robo o secuestro, los médicos que oficiaban de anfitriones no se apartaron de mi lado en todo el viaje. Sin embargo, durante nuestra última cena les dije que no era necesario que me acompañasen al aeropuerto, ya que debía tomar un vuelo temprano por la mañana y el hotel me ofrecía transporte. Insistieron, pero me mantuve firme y tomé la limusina del hotel. Parecía seguro.

—¿Seguro? ¿Seguro? ¿Con lo que está pasando en este momento en Venezuela? —Me sentí alarmado por su afirmación y empecé a protestar, pero él, negando con un dedo, me dijo:

—Ya empiezas de nuevo. No necesito a un psiquiatra para que me sermonee. Puedo conseguir sermones en otra parte.

Pero entonces, la noche de nuestra quincuagésima reunión, algo había cambiado. Por primera vez me pedía ayuda y yo estaba dispuesto a dársela.

—Es un acto reflejo, Bob, no puedo evitarlo. Es enloquecedor oírte contar cómo te expones a semejante peligro.

—Irv, ¿recuerdas cuando caminábamos hacia

el coche ayer después de almorzar en el restaurante?

—Bueno, recuerdo nuestro almuerzo. ¿Qué tiene que ver que camináramos hacia el coche?

—Dimos la vuelta a la esquina y bajamos por la calle lateral en dirección al coche.

—En efecto, sí. Te regañé por ir caminando por el medio de la calle y te pregunté si en Budapest tenían aceras.

—Hubo algo más.

—¿Más? ¿A qué te refieres? Ah, sí. Luego sugerí que la calzada era más segura que la acera porque proporcionaba mayor visibilidad.

—Bueno, fui muy amable al no decirlo en ese momento, pero estabas totalmente equivocado: era todo lo contrario. Lo hice porque era más peligroso. Esa es la clave, algo que nunca has comprendido sobre mí. Crecí con el peligro. Está programado en mi ser. Un poco de peligro me calma. Me he dado cuenta recientemente de que el quirófano vino a reemplazar mi peligrosa vida en la resistencia. En el quirófano vivía con el peligro y lo enfrentaba en operaciones de corazón arriesgadas pero salvadoras. Ha sido siempre el lugar donde más cómodo me he sentido. La leche materna. —La expresión en su rostro indagaba si lo había comprendido.

—Soy apenas un obrero de la psiquiatría que trabaja con heridas emocionales y que no está habituado a semejante grado de trastorno.

—En realidad —continuó Bob, haciendo caso omiso de mi comentario—, durante años no valoré ser diferente. Creía que era algo perfectamente natural para alguien que se preciara de ser cirujano cardiaco y se entregara al juego de la vida y la muerte: quienes no se interesaban por la cirugía cardiaca o no podían especializarse en ella, se perdían el mayor desafío de la vida. Solo en los últimos años relacioné mi pasión por el riesgo con mi pasado. Hace unos veinticinco años, la Universidad de Boston decidió crear una cátedra con mi nombre y publicó un folleto elegante y llamativo. Yo aparecía en la foto frontal, en la sala de operaciones, rodeado por todos los asistentes, trajes quirúrgicos y aparatos con la frase «Para salvar vidas que no podrían salvarse». Durante décadas consideré esa frase un simple truco publicitario para recaudar más dinero, algo propio de Madison Avenue. Solo recientemente comprendí que quien ideó esa frase me conocía mejor que yo mismo en ese entonces.

—Te he distraído del relato. Volvamos a Caracas. ¿Qué pasó cuando te recogió la limusina por la mañana?

—Sin contar con que el conductor me cobró de más, el viaje al aeropuerto fue tranquilo. Le pedí que me llevara a la entrada principal del aeropuerto, pero me dijo que la entrada lateral quedaba más cerca del mostrador de embarque. Al acceder a la terminal, divisé el mostrador a unos treinta o sesenta metros frente a mí y pude ver cómo los pasajeros atravesaban la puerta de embarque. Después de caminar unos pocos pasos, un joven vestido con pantalones caqui y camisa blanca de manga corta se acercó a mí y, en un inglés aceptable, me pidió que le mostrara mi pasaje. Le pregunté quién era y me dijo que era un policía de seguridad. Le pedí pruebas y sacó del bolsillo de su camisa una tarjeta plástica escrita en español con su foto. Le entregué mi pasaje. Lo miró detenidamente y me preguntó si tenía suficiente efectivo para pagar la tasa de embarque. «¿Cuánto es?», le pregunté. «Sesenta mil bolívares (unos veinte dólares)», dijo. «Está bien», le respondí. Cuando solicitó ver mi billetera con el dinero, le aseguré una vez más que tenía suficiente dinero para pagar la tasa. Entonces me dijo que mi vuelo se había demorado y que debía acompañarlo subiendo las escaleras que estaban frente a nosotros para aguardar en otra sala. Dijo que me ayudaría con el equipaje y agarró mi maleta. Luego me pidió el pasaporte. ¿Mi pasaporte? Una alarma sonó en mi cabeza. Mi pasaporte era mi identidad, mi seguridad, mi pasaje a la libertad. Antes de obtener la ciudadanía y el pasaporte estadounidenses, yo era un judío errante sin nacionalidad. Sin pasaporte no podría regresar a Boston. Sería nuevamente un desplazado.

> Crecí con el peligro. Está programado en mi ser. Un poco de peligro me calma.

»Sabía que algo muy malo estaba a punto de pasar y actué casi automáticamente. Aferrando el móvil que llevaba en el cinturón, miré al hombre con aspereza, puse mi dedo en la pequeña antena que sobresalía del aparato y le dije: "Esto es un transmisor conectado directamente con la policía. Devuélvame mi maleta o presionaré el botón. Voy a llamar a la policía".

»Él dudó.

»Le dije: "Voy a llamar a la policía". Y luego lo repetí más fuerte: "¡Voy a llamar a la policía!".

»Dudó un par de segundos más, le arrebaté la maleta de la mano y empecé a gritar no recuerdo qué mientras corría hacia la puerta de seguridad. Al mirar atrás un instante, vi al hombre corriendo igual de rápido en la dirección contraria. Ya en la puerta de seguridad, sin aliento, le conté a un agente lo que acababa de suceder. Llamó inmediatamente a la policía y, cuando colgó el teléfono, me dijo: "Es usted un hombre con suerte, ha estado a punto de ser secuestrado. En el último mes hemos tenido seis secuestros en el aeropuerto y algunas de las personas secuestradas no han vuelto a aparecer".

Bob respiró profundamente, bebió un largo trago de vino espumoso y me miró.

—Esa es la parte venezolana de la historia.

—¡Vaya historia! —dije—. Y ¿hay más partes?

—Ese es solo el principio. Durante un buen rato no registré cabalmente lo que había pasado. No podía seguirle la pista. Estaba aturdido, casi mareado. Pero no sabía por qué.

—Estar a punto de ser secuestrado puede aturdir a cualquiera.

—No. Como te he dicho, ese es solo el principio. Escucha. Pasé por el control de seguridad sin más incidentes y todavía me sentía confuso mientras me dirigía a la puerta de embarque y me sentaba. Hojeé una revista, pero no podía leer ni una palabra. Esperé alrededor de una hora con la cabeza dándome vueltas y después, como un sonámbulo, tomé el vuelo a Miami.

»Durante las tres horas de espera en Miami, me senté tranquilamente en una silla confortable y me tomé una bebida dietética. Estaba adormeciéndome cuando sucedió. Algo en lo que no había pensado durante casi sesenta años se abrió paso a través de mi memoria. Al principio era un recuerdo escurridizo, pero lo agarré con fuerza, tratando de retener cada detalle. De repente, un hecho que ocurrió en Budapest hace sesenta años, cuando yo tenía quince, apareció en primer plano. Las imágenes me inundaron y reviví todos sus pormenores. Cuando tomé el avión a Boston unas horas después, me sentía aliviado y casi libre de ansiedad.

—Cuéntame lo que viste. Cuéntamelo todo... No omitas nada. —Mi solicitud fue un acto de amor y amistad. Tenía la sensación de que Bob se sentiría más aliviado al compartir su experiencia y a la vez temía lo que iba a escuchar.

> Le dije: «Voy a llamar a la policía». Y luego lo repetí más fuerte: «¡Voy a llamar a la policía!».

Pero también tenía la certeza de que había llegado la hora de acompañar a mi amigo a través de su pesadilla.

Apuró el vino espumoso de un trago y se reclinó en el sillón del bar. Cerrando los ojos, empezó a hablar:

—Tenía quince años. Me había escapado de una columna que los nazis estaban dirigiendo desde el gueto hasta el tren que nos deportaría y logré viajar a Budapest, donde vivía haciéndome pasar por cristiano con documentos falsos. Toda mi familia había sido arrestada y deportada. Yo vivía en un cuarto alquilado con un amigo que había llegado a Hungría desde Checoslovaquia en 1942. Él había vivido con documentos falsos durante algún tiempo y estaba familiarizado con la situación. Paul era su nombre falso. No recuerdo qué apellido usaba y nunca supe su verdadero nombre. Nos hicimos muy buenos amigos. Además de los recuerdos, conservo una vieja y arrugada foto ampliada de él en el escritorio de mi estudio. Tenía otro amigo íntimo, Miklos, que había sido asesinado por los *nyilas* unos meses antes...

—Recuerdo que me hablaste de tu amigo Miklos, que fue capturado y asesinado por los nazis. Pero no conozco esa palabra, *nyilas*.

—Los *nyilas* eran los nazis húngaros. Eran salvajes, una milicia de fanáticos armados que acechaban por las calles haciendo redadas de judíos para matarlos o llevarlos a los locales de su partido, donde los torturaban y los masacraban. Eran más brutales con los judíos que los propios alemanes o la policía húngara. *Nyilas* proviene de la palabra húngara que significa «flecha». Su insignia era una cruz flechada similar a la esvástica.

»Paul y yo estábamos muy unidos. Cuando nos enteramos de una sublevación de judíos contra los nazis en Eslovaquia, quisimos ir allí y unirnos a la resistencia. Como yo no hablaba eslovaco, Paul pensó que sería mejor que él fuese primero para evaluar la situación. Si las cosas estaban bien, encontraría una vía clandestina para regresar a Budapest y entonces me recogería. Lo acompañé a la estación central de Budapest y, mientras veía cómo se alejaba en el tren, tenía la certeza de que volvería a verlo en un par de semanas. Pero no tuve más noticias de él. Aunque indagué después de la guerra, no encontré rastro de Paul. Estoy seguro de que los nazis lo mataron.

»La resistencia me encomendó una serie de tareas, que fui cumpliendo en la medida de mis posibilidades si se daba la ocasión. En realidad, era bastante bueno falsificando papeles para judíos que querían hacerse pasar por cristianos. Me ganaba la vida trabajando como aprendiz y hacía un poco de todo en una pequeña fábrica de medicamentos para el ejército húngaro.

»Bueno, pues este es el recuerdo que regresó la semana pasada en el aeropuerto de Miami: yo tenía quince años y una mañana salí apresurado hacia el trabajo porque llegaba tarde, y al otro lado de la calle vi a un fanático *nyila* (vestido con una gorra del ejército, un cinturón militar, una pistola en una funda y un brazalete con la cruz flechada negra) apuntando con su ametralladora a una pareja de desventurados ancianos judíos que se arrastraban a un metro o metro y medio frente a él. Los judíos, que probablemente rondaban los sesenta años, llevaban la obligatoria estrella amarilla de diez centímetros en la mitad izquierda del pecho. El viejo había sido ostensiblemente golpeado, tal vez hacía pocos minutos. Tenía la cara tan hinchada y descolorida que apenas podían verse sus ojos. Su nariz también estaba hinchada, azul y roja, y torcida. Sangraba. Surcos de sangre de un rojo brillante le corrían desde el cabello gris hasta la frente y le bajaban por la cara. Sus grandes orejas estaban rojas y destrozadas. La mujer lloraba mientras caminaba a su lado. Vi cómo volvía el rostro para suplicarle al matón, pero él se limitó a golpearle la cara con el cargador del arma.

»Ten en cuenta que esto era algo común en aquellos tiempos. Sé que es difícil de imaginar, pero se trataba de una escena normal en la ciudad, que se repetía varias veces al día. Los judíos eran con frecuencia detenidos en plena calle y ejecutados de un tiro allí mismo. Los cadáveres permanecían en el pavimento uno o dos días hasta que los recogían. Sin duda esa pareja sería trasladada a un local del partido de los *nyilas*, donde los interrogarían, torturarían y matarían de un disparo en la cabeza, o los colgarían de un gancho sujeto al techo con una cuerda de piano. O los fusilarían y arrojarían al agua; esa era una de sus técnicas favoritas. Los *nyilas* conducían a los judíos en grupo a orillas del Danubio, les disparaban y los lanzaban al río helado. A veces ataban a tres judíos juntos y le disparaban a uno solo, pero tiraban a los tres al agua. Los otros dos morían ahogados o congelados.

Me estremecí involuntariamente y tuve el presentimiento de que la imagen de los tres cuerpos atados, sacudiéndose en el río helado, irrumpiría en mis sueños esa noche. Pero no dije nada.

Bob se dio cuenta del estremecimiento y apartó la mirada.

—Te acostumbrabas a esas cosas, Irv. Es difícil de creer, pero te acostumbrabas. Aún hoy me cuesta aceptar que alguna vez haya ocurrido eso, pero en aquel momento era un hecho cotidiano. Fui testigo de varias de esas ejecuciones en masa y sabía que, aun cuando los disparos no fuesen mortales, las víctimas no tenían forma de escapar de la muerte una vez que las arrojaban al agua helada.

»Siempre había guardias *nyilas* al principio y al final de una columna de judíos que avanzaba por las calles de Budapest. A veces, especialmente cuando oscurecía, un luchador de la resistencia (yo mismo lo hice unas cuantas veces) los seguía y arrojaba una granada a los guardias, esperando matar a esos canallas *nyilas*. Por supuesto, la granada mataría a los judíos también, pero iban a morir pronto de todas formas, y a veces alguno lograba escapar en medio de la confusión. Este tipo de recuerdos de mi actividad en la resistencia nunca abandonan mi mente. Sé que te horroriza escucharlo, pero quiero que sepas que esas fueron las experiencias cumbre de mi vida.

»Otra de las tareas que me asignaron en el grupo de resistencia sionista era seguir por las calles a los judíos conducidos por los matones *nyilas* y tomar nota de la dirección de la sede del partido adonde los llevaban. Esos locales estaban esparcidos por toda la ciudad, y si los informes de otros exploradores como yo indicaban que un grupo numeroso de judíos estaba detenido en un determinado local, este era atacado repetidamente durante la noche. Los jóvenes de la resistencia pasaban frente a él en motocicleta, arrojaban granadas y barrían el lugar a metrallazos.

»Si bien normalmente apuntábamos a los pisos superiores del edificio y los prisioneros estaban en el sótano, sabíamos que algunos de ellos podían morir, pero nos quitábamos esa idea de la cabeza, pues los prisioneros judíos estaban condenados de todas formas. Solo tratábamos de matar a los nazis. Al mismo tiempo, esperábamos que la confusión generada por el ataque permitiera que algunos judíos escapasen. Analizando la situación en perspectiva, estoy seguro de que nuestros asaltos esporádicos no fueron muy efectivos, pero al menos daban una buena imagen de nosotros y los *nyilas* sabían que no podían matar a judíos con tanta impunidad. Queríamos que supieran que ellos también corrían peligro.

Bob se dio cuenta del estremecimiento y apartó la mirada.

—Te acostumbrabas a esas cosas, Irv. Es difícil de creer, pero te acostumbrabas.

»Más detalles se deslizaban en mi mente sin cesar. Recuerdo que miré dos veces cuando vi al viejo golpeado con su esposa llorando. Aunque cometí la torpeza de detenerme solo un instante (probablemente no más de tres o cuatro segundos), el guardia *nyila* me vio desde el otro lado de la calle, me apuntó con el arma y rugió: "Tú, ven aquí".

»Crucé la calle tratando de disimular. Pasar por sitios peligrosos y exponerme a la muerte era cosa de todos los días, y mantuve la confianza en mis habilidades. Estoy seguro de que estaba asustado por dentro, pero no podía permitirme que el miedo me paralizara. Debía concentrarme en salir de la situación. Había que tener un montón de papeles de identificación para moverse por la calle en aquellos días, y a pesar de que los míos eran falsos, estaban bien hechos y parecían auténticos. Me preguntó si era judío. Le dije que no y le mostré un documento de identidad detrás de otro. Me preguntó dónde vivía y con quién. Cuando le dije que en una habitación alquilada en una casa, pareció sospechar y me preguntó cómo lo pagaba. Le respondí que trabajaba en una fábrica de medicamentos para el ejército para poder mantener a mi pobre madre viuda y a mi abuela, que vivían en el campo. También le dije que mi padre había sido un soldado húngaro que murió en el frente ruso combatiendo a los comunistas. Pero nada de eso causó el menor impacto en aquel miserable. "Pareces judío", fue su lacónica respuesta. Entonces me apuntó con el arma y gruñó: "Forma fila con los otros dos judíos y camina".

Mi ansiedad aumentaba. Bob me vio sacudir la cabeza y alzó el mentón con gesto inquisitivo.

—Es espantoso, Bob. Te acompaño. Escucho cada una de tus palabras. Pero apenas puedo soportarlo. Mi vida ha sido tan segura, tan... apacible y libre de amenazas...

—Debes recordar que convivía con esta clase de encuentros a diario. Mientras me acercaba a la pareja de judíos sabía que estaba en un aprieto, pero eso no era todo. De repente caí en la cuenta de que algo que llevaba en el bolsillo podía ser realmente peligroso: tres sellos de goma oficiales del Gobierno de Hungría. Los había robado el día anterior en una tienda que los fabricaba, y mi intención era encontrarme con mis compañeros de la resistencia esa noche para hacer documentos falsos con identidad cristiana para judíos. Era estúpido, verdaderamente estúpido llevar encima ese material incriminatorio todo el día, pero estaba resuelto a hacer lo que tenía que hacer esa noche. Todos vivíamos permanentemente al límite.

»De modo que este era el gran problema. Sabía que cuando me registraran y encontraran los sellos no tendría escapatoria. Cero posibilidades. Me acusarían de espía o de pertenecer a la resistencia. Me torturarían para sonsacarme información de la resistencia: direcciones, los nombres de mis compañeros. Después de torturarme me dispararían o me colgarían. Y tenía miedo, también, de quebrarme y hablar. Debía deshacerme de los sellos.

»Afortunadamente, también llevaba conmigo algunas cartas de trabajo genuinas que me habían dado en la fábrica para enviar por correo al cuartel general del ejército. Mientras caminábamos vi un buzón de correos al otro lado de la calle y supe que era la gran oportunidad que no podía arriesgarme a perder. Saqué de un tirón las cartas para el ejército húngaro del bolso, se las mostré al *nyila* y le dije que mi jefe me había pedido que las despachase ese mismo día, dado que contenían instrucciones de dosificación de medicamentos que serían enviados al frente ruso.

»Le dije al nazi que debía echar las dos cartas en el buzón de enfrente. Bajó el arma, examinó las cartas cuidadosamente, asintió y me advirtió que no intentara nada raro. Mientras cruzaba la calle hacia el buzón saqué los sellos de goma del bolsillo (gracias a Dios, solo tenía la parte de goma sin el mango de madera) y los coloqué entre las cartas, abrí la tapa del buzón y tiré todo dentro del contenedor metálico. Sentí un alivio tremendo: me había quitado de encima una evidencia incriminatoria importante. Ya solo tenía que huir convenciendo a la bestia de que no era judío. Siempre existía la posibilidad de que me bajase los pantalones para ver si estaba circuncidado. Como te he dicho, sabía que tenía cero posibilidades si descubrían los sellos, pero a la vez sabía que si me llevaban al local de su partido tendría menos del cinco por ciento de probabilidades de sobrevivir.

> Pasar por sitios peligrosos y exponerme a la muerte era cosa de todos los días, y mantuve la confianza en mis habilidades.

No podía quedarme en silencio. Estaba tan ansioso y mi corazón latía tan fuerte que tenía que decir algo, cualquier cosa.

—Bob, no consigo imaginarme cómo lo hiciste; cómo pasaste por eso y lograste todo lo que lograste en esta vida. ¿Qué sentías por dentro? Trato de imaginarme a mí mismo a los quince años en tu lugar, teniendo que enfrentarme a una muerte casi segura... No puedo imaginarlo. Durante mi adolescencia, mi mayor trauma era no conseguir una cita para la noche de fin de año. Es patético. No sé cómo afrontaste la muerte así... ¿Sabes?, puedo lidiar con la idea de la muerte ahora. Tengo setenta y seis años, he vivido bien, cumplí las promesas que hice. Estoy preparado. Pero en ese momento, a los quince años... Las pocas veces que recuerdo haber pensado en la muerte entonces...

Era, guauuu, como una trampa abriéndose debajo de mí... Demasiado espantoso para soportarlo. Creo que no hay ningún misterio sobre el origen de tus terrores nocturnos y sueños. Siento pavor solo de escuchar la historia de tu juventud y probablemente esta noche sueñe con ella.

> Es espantoso, Bob. Te acompaño. Escucho cada una de tus palabras. Pero apenas puedo soportarlo.

Bob me palmeó el hombro. Imagínense, tenía que consolarme él a mí.

—Te acostumbras a las cosas. Recuerda que esta fue solo una ocasión en la que la tuve cerca. Una de muchas. Creo que incluso puedes acostumbrarte a la perspectiva abrumadora de la muerte. Y recuerda también que yo estaba demasiado preocupado por sobrevivir para pensar en la muerte. Mi propósito era simplemente sobrevivir. Si me hubiese permitido sentir entonces, o incluso en los siguientes veinte años, habría sido demasiado. ¿Estás preparado para escuchar lo que sigue?

Traté de ocultar mi estremecimiento y asentí.

—Por supuesto.

Ahora que Bob finalmente me había concedido el privilegio de conocer sus secretos, estaba decidido a no silenciarlo nunca más.

—Después de caminar otros diez o quince minutos —continuó—, vi a un policía húngaro doblar la esquina y venir hacia nosotros. Estaba desesperado, y tan pronto lo vi dije para mis adentros que era mi oportunidad de escapar. «Voy a llamar al policía.»

»Lo llamé: "Oficial, oficial, por favor, señor, desearía hablarle. Me dirigía a mi trabajo y este hombre me detuvo y no me deja seguir mi camino. Me está llevando a algún lugar. Asegura que soy judío, pero no lo soy. Odio a los judíos y tengo papeles que prueban que soy cristiano. Si no me deja ir, perderé la paga de un día entero y no podré enviarles dinero a mi madre viuda y a mi abuela. Tome, por favor, mire mis documentos. Soy cristiano. Estos papeles lo demuestran, permítame ir a trabajar". Agité mis documentos de identidad.

»Cuando el policía preguntó cuál era el problema, el matón *nyila* gruñó: "Es un judío. Me ocuparé de él y de los otros dos".

»"Aquí no lo harás", ladró el policía. "Esta calle está a mi cargo. Yo me ocuparé de esto."

»Discutieron brevemente hasta que el policía perdió la paciencia, sacó la pistola y repitió: "Esta es mi zona. La estoy patrullando y voy a llevar a este muchacho a la comisaría".

»Para mi sorpresa, el *nyila* se arredró de repente y dijo que me entregaría a la custodia del policía, pero que averiguaría en la comisaría si efectivamente me habían llevado allí. Después siguió su camino, llevando a la pareja de viejos delante de él por el medio de la calle. El policía, todavía aferrando su pistola, me dijo que caminara delante de él. Me volví y miré por última vez a la pareja de judíos condenados. No había nada que pudiera hacer por ellos.

»Existía un gran antagonismo entre los *nyilas* y la policía porque estos sentían que los *nyilas* no eran profesionales, sino solamente un puñado de rufianes que usurpaban el legítimo poder de la policía. No eran infrecuentes las confrontaciones entre policías y *nyilas* como la que yo había provocado.

> Imagínense, tenía que consolarme él a mí.
> —Creo que incluso puedes acostumbrarte a la perspectiva abrumadora de la muerte.

Bob se volvió para mirarme directamente. Hasta ese momento había ido desarrollando su relato a veces con los ojos cerrados o con la mirada perdida en la distancia, como si estuviera soñando. Tenía las pupilas dilatadas y, por una vez, miré dentro de ellas y unos segundos después le dije:

—Y ¿entonces?

—El policía y yo empezamos a caminar y al cabo de una manzana guardó la pistola en la funda. No hizo preguntas y yo permanecí callado. Después de recorrer unas cuantas manzanas más, miró alrededor y dijo: "Largo de aquí, vete a tu trabajo". Le di las gracias y le dije que era un patriota húngaro y que mi madre le estaría agradecida. Caminé cada vez más rápido sin mirar atrás. Cuando giré en la esquina y quedé fuera de la vista del policía, casi corrí y salté a un tranvía que pasaba por allí justo cuando disminuyó la velocidad. Estaba convencido de que alguien me seguía. Distinguí a un policía de pie al fondo del vagón y lentamente me escurrí hacia la parte delantera del tranvía. Después de recorrer un buen trecho, el tranvía frenó; me bajé de un salto y caminé a mi trabajo dando algunos rodeos para asegurarme de que nadie me seguía. Cuando entré en la fábrica en la que trabajaba, mi jefe me preguntó por qué llegaba tarde. Le respondí que las calles por las que habitualmente venía estaban bloqueadas con los escombros provocados por el bombardeo de la noche anterior, y mi explicación pareció convencerlo.

»Así que esta es la historia. —Bob se incorporó en el sillón y nuevamente me miró a los ojos—. ¿Qué opinas? Es lo que llamas "represión", ¿no? ¿Medio siglo de olvido?

—Sin duda —le dije—. Un caso de represión tan claro, y de de-represión, como jamás he visto. Deberíamos escribir un artículo sobre él para una publicación psicoanalítica.

—Quizá —dijo Bob— tu amigo Freud sabía de lo que hablaba. ¿Sabías que Freud era uno de los nuestros? Era casi húngaro: su padre era de Moravia y toda la región formaba parte del Imperio austrohúngaro.

—Lo que me resulta particularmente interesante es la frase que te permitió sacar esto del depósito profundo. La frase «Voy a llamar a la policía» es el nexo: te salvó la vida la semana pasada en Venezuela con el secuestrador y te salvó la vida cuando tenías quince años. Dime, Bob, ¿por qué te dejó ir el policía húngaro?

—Sí, *boychik*,* esa es una buena pregunta. Me obsesioné con ella durante algún tiempo, pero luego la vida siguió adelante. Me hice muchas preguntas: ¿sabía que era judío? ¿Era un tipo decente que quería hacer algo decente? ¿Me estaba regalando la vida en un acto de generosidad?

---

* Palabra yiddish que significa *muchacho*. (*N. de la t.*)

¿O simplemente no tenía ganas de perder el tiempo con algo tan insignificante como yo? ¿O yo no importaba en absoluto y mi papel fue solo incidental? ¿Fui un simple beneficiario de su odio a los *nyilas*? Nunca lo sabré...

—¿Sigue la historia? —pregunté—. ¿Qué pasó la semana siguiente a tu regreso?

—Nada más aterrizar, fui corriendo directamente del aeropuerto a mi oficina en Boston (no hay diferencia horaria entre Boston y Caracas) y no mencioné nada de lo sucedido a mis colegas, porque el intento de secuestro podría ahuyentar al grupo, dejando en al aire indefinidamente la prueba clínica en Venezuela. En las próximas dos semanas tengo que ir a una docena de ciudades.

—Es una locura, Bob. ¿Qué estás haciendo? Te estás matando. Tienes setenta y siete años. Me he agotado tan solo escuchando tu agenda.

—Sé que la nueva técnica puede aliviar a las personas que sufren terriblemente por el enfisema, que luchan por respirar y se ahogan lentamente hasta morir. Disfruto haciendo lo que hago. ¿Qué podría ser más importante?

—Bob, la letra es diferente, pero la música es la misma. Cuando operabas, probablemente realizaste más cirugías a corazón abierto que ningún otro cirujano vivo. Día y noche, siete días a la semana. Todo en exceso, nada con moderación.

—¿Qué clase de amigo psicoterapeuta eres entonces? ¿Por qué no me paraste?

—Lo intenté una y otra vez. Recuerdo haberte hablado, regañado, gritado, advertido, exhortado, hasta el día en que me diste una respuesta que me paró en seco. Jamás la olvidé.

Bob me miró.

La frase «Voy a llamar a la policía» es el nexo: te salvó la vida la semana pasada en Venezuela con el secuestrador y te salvó la vida cuando tenías quince años.

—¿Qué te dije?

—¿Ya no te acuerdas? Bueno, hablábamos sobre los motivos por los cuales pasabas gran parte de tu vida en el quirófano. La idea central que te expuse era que en el quirófano tenías el control total de la situación. Eso neutralizaba la sensación de impotencia que habías experimentado cuando viste desaparecer a tu familia y amigos. Si bien viviste momentos estimulantes en la resistencia, la mayor parte del tiempo lo que sentías era impotencia, al igual que millones de judíos. Por encima de todo, tenías que sobrevivir. Desde entonces te volviste insaciablemente activo. Salvas vidas. En el quirófano lo controlas casi todo.

»De modo que esa era mi mejor conjetura —seguí—. Pero un día me dijiste algo más. Recuerdo muy claramente el día y el lugar. Estábamos en tu casa; tú, sentado debajo de ese enorme cuadro pintado al pastel que representa una montaña de cuerpos desnudos retorcidos. Ese era el lugar donde siempre te gustaba sentarte. Parecías cómodo con ese cuadro. Yo lo odiaba y me ponía tenso cada vez que lo veía, y siempre estaba deseando que nos fuéramos a cualquier otro rincón de la casa. Y fue allí donde me dijiste que te sentías verdaderamente vivo solo cuando sostenías en tus manos un corazón humano latiendo. Eso me calló por completo. Me quedé sin respuesta.

—¿Sin respuesta? No es tu estilo.

—¿Qué podía decir? Me estabas diciendo, efectivamente, que para sentirte vivo necesitabas pasar el tiempo en la delgada membrana que separa la vida de la muerte. Comprendí que necesitabas ese peligro, esa urgencia, para superar la sensación de falta de emoción dentro de ti. Entonces, como nunca antes, me sentí abrumado por el horror que habías vivido. No tenía recursos. No sabía qué decir. ¿Cómo podía combatir la ausencia de emociones con palabras? Supongo que intenté hacerlo con acciones. Pasamos tan buenos momentos juntos, hicimos tantas cosas tú y yo..., y luego nuestras esposas y nuestros hijos, y los viajes juntos... Pero ¿era real todo eso para ti? ¿Tan real como la realidad de tu vida nocturna? ¿O era algo evanescente, que lograba penetrar apenas un milímetro o dos? Bob, sé que, si me hubiese tocado vivir lo que viviste, o bien estaría muerto o bien me sentiría como si lo estuviese. Probablemente yo también desearía sostener un corazón latiendo en mis manos.

Bob parecía conmovido.

—Te estoy escuchando, no creas que no. Sé que sientes que lucho a brazo partido con la impotencia, la impotencia de todos los judíos, gitanos, comunistas que empuñaron las armas contra los nazis o fueron conducidos a las cámaras de gas. Tienes razón, sé que me siento nuevamente poderoso cuando opero, cuando tengo el control de todo lo que sucede en la sala de operaciones. Y sé que necesito el peligro, hacer equilibrios en la delgada cuerda que hay entre la vida y la muerte. Lo comprendí todo; todas tus palabras, todos tus actos.

»Pero —continuó Bob— hay otra parte, quizá aún más grande, que aún no conoces. Una parte que estás a punto de escuchar. Esa parte habita solo en mi segunda vida, en mi vida nocturna. Aparece en mis sueños.

Lo miré sorprendido.

—¿Qué? ¿Vas a contarme un sueño? Sería una primicia.

—Tómalo como un obsequio del quincuagésimo aniversario. Si obtienes una buena puntuación interpretándolo, te contaré otro en el septuagésimo quinto. Mis sueños... Casi siempre tratan de uno o dos temas: el Holocausto o el quirófano. O uno o el otro, y a veces se funden en uno solo. Y de algún modo esos sueños horribles, brutales, sangrientos, me permiten hacer borrón y cuenta nueva al día siguiente. Funcionan como una suerte de vía de escape, son como un remolino que pasa blanqueando oscuros recuerdos.

»Bueno, volviendo a la semana pasada, al día que comenzó con el intento de secuestro en Caracas... Llegué a casa y no le conté a nadie lo que había sucedido. Estaba exhausto, demasiado cansado para comer. Me dormí antes de las nueve y tuve un sueño impactante. Quizá lo soñé para ti, un regalo para mi amigo psiquiatra. Te lo cuento:

»*Es de madrugada y estoy en la sala de espera de un servicio de urgencias, muy parecida a la del Hospital de la Ciudad de Boston en la que pasé muchas noches durante muchos años. Miro a los pacientes que esperan a ser atendidos. Me llama la atención un anciano sentado en un banco con una estrella de*

David amarilla brillante en la chaqueta. Creo reconocerlo, pero no estoy del todo seguro de quién es. Entonces me encuentro en el vestuario de la sala de operaciones, tratando de ponerme el traje quirúrgico. No puedo encontrar los trajes por ninguna parte, así que corro al quirófano con el pijama de rayas que llevaba puesto debajo de la ropa. Las rayas son azules y grises. Sí, como los uniformes de los campos de concentración.

»El quirófano está vacío, imponente, sin enfermeras ni asistentes ni técnicos, sin anestesistas, sin mesas vestidas de azul y cargadas de instrumental quirúrgico prolijamente ordenado y, lo que es más importante para mi trabajo, sin máquinas para monitorear el corazón y los pulmones. Me siento solo, perdido, desesperado. Miro alrededor. Las paredes están cubiertas con maletas de cuero amarillo gastado apiladas en hileras de esquina a esquina y del suelo al techo. No hay ventanas (de hecho, no hay siquiera espacio en las paredes para la pantalla de rayos X). Nada más que maletas, maletas como la que llevaba el viejo judío en Budapest mientras caminaba delante del fanático nyila que le apuntaba con su arma.

»*En la mesa de operaciones veo a un hombre desnudo revolviéndose silenciosamente. Camino hacia él.*

Bob, sé que, si me hubiese tocado vivir lo que viviste, o bien estaría muerto o bien me sentiría como si lo estuviese. Probablemente yo también desearía sostener un corazón latiendo en mis manos.

*Me resulta familiar. Es el mismo hombre que vi en la sala de urgencias. Y entonces me doy cuenta de que se trata del hombre golpeado y condenado cargando una maleta que había visto en aquella calle de Budapest. Ahora está sangrando por dos agujeros de bala que atraviesan una estrella de David amarilla cosida a su pecho descubierto. Necesita atención médica inmediata. Estoy completamente solo, sin nadie que me ayude ni instrumentos quirúrgicos. El hombre gime. Se está muriendo y yo tengo que abrirle el pecho para llegar al corazón y detener la hemorragia. Pero no tengo bisturí.*

»*Acto seguido veo el pecho del hombre abierto de par en par. Su corazón, en medio de la incisión, es flácido y el latido es débil. Con cada latido, por los orificios de bala salen disparados al aire chorros de sangre roja brillante, salpicando la tapa de vidrio de la lámpara de la mesa de operaciones, tiñendo de rojo la luz blanca para luego gotear sobre el pecho descubierto del hombre. Debo cerrar los agujeros del corazón, pero no tengo parches quirúrgicos Dracon para hacerlo.*

»*De repente, tengo unas tijeras en la mano derecha y corto un parche circular de la parte inferior de mi pijama. Coso el parche cubriendo uno de los orificios en el corazón. La hemorragia se detiene. El corazón se hincha de sangre y el latido se vuelve más intenso. Pero entonces el segundo agujero empieza a disparar géiseres de sangre. El latido disminuye y los chorros de sangre se vuelven más débiles y ya no alcanzan la lámpara, sino que gotean sobre mi mano mientras trabajo. Tapo el orificio con ella y corto un segundo parche rayado circular de mi pijama. Lo coso sobre el borde del segundo orificio del corazón.*

»*La hemorragia cesa nuevamente, pero al poco tiempo el corazón se vacía, el latido se vuelve débil y luego se detiene. Trato de masajear el corazón, pero mis manos no se mueven. Entonces empieza a entrar gente en el quirófano, que ahora parece más bien un estrado. Todos me miran de forma acusadora.*

»Me desperté sudando. Las sábanas y la almohada estaban mojadas, y mientras me terminaba de despertar pensaba: "Si tan solo hubiese podido masajearle el corazón, habría podido salvarle la vida". Entonces me espabilé y me di cuenta de que todo había sido un sueño y me sentí menos oprimido. Pero incluso despierto, seguía repitiendo para mis adentros: "Si tan solo hubiese podido salvarle la vida".

—Si tan solo hubieses podido salvarle la vida, entonces... Entonces... Bob, sigue.

—Pero no podía salvarle la vida. No tenía instrumentos. Ni siquiera un parche o sutura. No podía.

—Correcto, no podías salvarlo. No tenías el equipo necesario en el quirófano para salvarlo. Y tampoco tenías el equipo necesario cuando eras un chico de quince años aterrorizado que apenas se salvó a sí mismo ese día. Creo que esa es la llave del sueño. No pudiste haber hecho otra cosa. Sin embargo, cada noche te sometes a juicio y te declaras culpable, y has vivido expiando esa culpa. Le he estado observando mucho tiempo, Robert Berger, y he llegado a un veredicto.

Bob me miró. Había captado su atención.

—Le declaro inocente —dije.

Por una vez parecía haberse quedado sin palabras. Me puse de pie y lo señalé con el dedo índice mientras repetía: «Le declaro inocente».

—No estoy tan seguro de que haya considerado todas las evidencias, señor juez. ¿No está diciendo el sueño que lo podría haber salvado con un autosacrificio? En el sueño me corto la ropa para salvarlo. Pero hace sesenta años, en las calles de Budapest, no pensé dos veces en el viejo y su mujer. Solo traté de salvarme a mí mismo.

—Pero, Bob, el sueño responde a tu pregunta. Explícitamente. En el sueño entregas todo lo que tienes, incluso te cortas tu propia ropa, y sin embargo no es suficiente. Su corazón se detuvo igual.

—Podría haber hecho algo.

—Escucha al sueño. Su verdad emana de tu corazón. No podías salvarlo. Ni salvar a los demás. Ni entonces ni ahora. Eres inocente, Bob.

Bob sacudió la cabeza lentamente, permaneció sentado en silencio un rato y entonces miró su reloj.

—Las once. Pasada la hora de acostarme. Me voy a *schlufen*.* ¿Cuáles son tus honorarios?

—Astronómicos. Para que te hagas una idea, necesito la calculadora.

—Sean los que sean, los presentaré al jurado nocturno. Quizá te concedan una bendición o tal vez un bagel con *lox*** para el desayuno.

> Me puse de pie y lo señalé con el dedo índice mientras repetía: «Le declaro inocente».

* Palabra yiddish que significa *dormir*. (N. de la t.)
** Palabra yiddish para *salmón ahumado*. (N. de la t.)

Se volvió, me miró a los ojos y nos abrazamos largamente, como nunca antes. Luego cada uno se encaminó con dificultad hacia la noche de los sueños.

Otros libros de Irvin D. Yalom

Seymour es un terapeuta de la vieja escuela que desdibuja el límite de la corrección sexual con una de sus clientas. Marshal, obsesionado por sus propios comportamientos obsesivo-compulsivos, está preocupado por el papel que juega el dinero en el trato con sus pacientes. Y por último está Ernest, quien, impulsado por su sincero deseo de ayudar y su fe en el psicoanálisis, inventa un enfoque radicalmente nuevo de la terapia: una relación del todo abierta y honesta con una paciente que amenaza con tener resultados devastadores.

**«*Desde el diván* plantea preguntas importantes sobre cómo decir la verdad a ambos lados del sofá.»** *The New York Times*

Irvin D. Yalom
INSEPARABLES
Marilyn Yalom

Sobre el amor, la vida y la muerte

DESTINO

Irvin D. Yalom ha dedicado su carrera profesional a asesorar y preparar a quienes sufren el proceso del duelo. Pero nunca se había enfrentado a la necesidad de ayudarse a sí mismo hasta que a su esposa, la célebre autora feminista Marilyn Yalom, le diagnostican un cáncer terminal. En *Inseparables. Sobre el amor, la vida y la muerte*, ambos narran en primera persona los últimos doce meses de vida de Marilyn. Casados durante sesenta y cinco años, la pareja explica con dulzura y franqueza cómo encajan el diagnóstico y cómo afrontan la enfermedad y su desarrollo. Así, mientras Marilyn deberá aprender a tener una buena muerte, Irvin tendrá que enfrentarse a la soledad, además de a su propio final.

**«Una obra sabia y hermosa. Un precioso homenaje al amor y a lo que realmente significa.»** *The Times*

# Mirar al sol
## Irvin D. Yalom

Superar el miedo a la muerte
para vivir con plenitud el presente

**DESTINO**

Irvin D. Yalom aborda el desafío de enfrentarnos a la muerte, a la vez que explora cómo el conocimiento de nuestra propia mortalidad afecta a la mente inconsciente de todo ser humano. Yalom nos ayuda a reconocer que el miedo a morir está en el centro de gran parte de nuestra ansiedad y puede desencadenarse tras un episodio de pérdida, una enfermedad, un trauma, o por el paso del tiempo. Una vez que nos enfrentamos a nuestra propia mortalidad, podemos reorganizar nuestras prioridades, comunicarnos más profundamente con aquellos a quienes amamos, apreciar la belleza de la vida y aumentar nuestra disposición a asumir los riesgos necesarios para la realización personal.

**«Solo Yalom sabe cómo transmitir que la ansiedad ante la muerte puede provocar un despertar a la vida.»** *The Bookseller*

IRVIN D. YALOM

**MEMORIAS DE UN PSIQUIATRA**

DESTINO

En estas esperadas memorias, Irvin D. Yalom vuelve su ojo terapéutico sobre sí mismo para analizar las relaciones y las circunstancias que dieron forma a su personalidad. Desde su original aporte a la psicoterapia de grupo hasta cómo encontró en la combinación de psicología y filosofía un camino para interpretar la condición humana, en las páginas de esta autobiografía Yalom revela las fuentes de inspiración de libros tan aclamados como *El día que Nietzsche lloró* o *El problema de Spinoza* y entrelaza anécdotas de pacientes con otras personales que brindan enseñanzas en torno al amor y la pérdida. Un libro apasionante y sincero que permite asomarse a la intimidad del célebre doctor, a su singular técnica terapéutica y a los secretos de su proceso creativo.

**«Una autobiografía honesta, cautivadora y reconfortante.»** *Library Journal*

# El don de la terapia
## Irvin D. Yalom

Carta abierta a una nueva
generación de terapeutas
y a sus pacientes

DESTINO

Basada en el conocimiento adquirido en cuarenta y cinco años de práctica profesional, Irvin D. Yalom brinda una guía incomparable para alcanzar una terapia exitosa. Partiendo de autores como Epicuro, Freud, Nietzsche, Schopenhauer y Spinoza, y emulando las *Cartas a un joven poeta* de Rainer Maria Rilke, el autor, que describe la terapia como «un encuentro genuino con la otra persona», aconseja, por ejemplo, evitar el diagnóstico, aboga por el reconocimiento de errores, por la creación de una terapia distinta para cada paciente, por el uso de los sentimientos y por el propósito de no tomar decisiones en nombre del paciente.

**«Yalom demuestra que, en buenas manos, el material de la terapia es tan apasionante como la ficción más rica e imaginativa.»** *The New York Times*

Julius Hertzfeld, un destacado psicoterapeuta, recibe la noticia de que padece una enfermedad terminal. Le resta un año de vida: ¿cómo emplear el tiempo que le queda? Tras hacer balance de toda una trayectoria profesional, rememora el caso del solitario Philip Slater, un paciente a quien veinte años antes trató, infructuosamente, de una adicción sexual. Julius retoma el contacto con Philip y, para su sorpresa, descubre que este ha superado su neurosis gracias a la cura Schopenhauer, un método inventado por él mismo y basado en el pensamiento del gran filósofo, que aboga por aliviar los dolores del alma aislándose de los demás. Julius decide invitarlo a su grupo de terapia, donde comenzará para todos los participantes una aventura vital profundamente transformadora.

**«Una fantástica novela que pone sobre la mesa el valor y los límites de la terapia.»** *The Washington Post*

Irvin
D. Yalom Criaturas
de un día

DESTINO

¿Qué es lo que hace que la vida valga la pena? ¿Qué podemos hacer para tener vidas más plenas? Y también, ¿cómo nos enfrentamos a su inevitable final? En las diez historias basadas en casos reales que presenta *Criaturas de un día*, sus protagonistas deben hacer frente a las dificultades que conllevan estas preguntas, y asistimos no solo a los dilemas de sus pacientes, sino también a los del propio Yalom como psicoanalista. Con empatía, humor y una impresionante habilidad narrativa, *Criaturas de un día* nos habla del miedo, del dolor y de la esperanza, y demuestra cómo el proceso de psicoterapia puede iluminar los dilemas humanos más apasionantes.

**«Esta recopilación de estudios de caso se lee como una optimista compilación de relatos. Es un imprescindible para aquellos interesados en la psique humana.»** *Sunday Express*

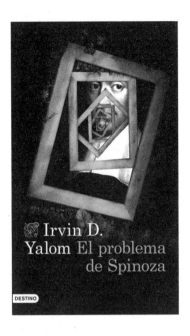

Irvin D.
Yalom El problema
de Spinoza

DESTINO

El 10 de mayo de 1940, las tropas de Hitler invaden los Países Bajos. El *Reichsleiter* Rosenberg está al mando de la expedición encargada del expolio de los bienes culturales de los países ocupados. Entre obras de autores como Rembrandt o Vermeer, Rosenberg decide confiscar la biblioteca del gran filósofo y humanista Baruch Spinoza, por considerar que los volúmenes son decisivos en la exploración de «el problema de Spinoza». ¿Qué misteriosa fascinación puede ejercer, tres siglos después, la obra del filósofo judío sobre el ideólogo nazi Rosenberg? ¿Quién fue aquel hombre, excomulgado en 1656 por la comunidad judía de Ámsterdam y expulsado de su propia familia?

**«Esta es la novela más intrigante que he leído en más de un año. La recomiendo con entusiasmo.»** Anthony Hopkins

Venecia, diciembre de 1882. La deslumbrante e impetuosa Lou Salomé concierta una misteriosa cita con Josef Breuer, reputado médico vienés, con el objeto de salvar la vida de un tal Friedrich Nietzsche, un filósofo alemán casi desconocido pero de brillante porvenir, que manifiesta una crisis profunda de tendencias suicidas tras la relación que ha mantenido con Lou Salomé y Paul Rée. El doctor Breuer, influido por las novedosas teorías de su joven discípulo Sigmund Freud, acepta la peligrosa estrategia que Lou le propone —psicoanalizar a Nietzsche sin que este se dé cuenta—, sin saber que está siendo víctima de una intriga personal tramada por la joven.

**«Una novela inteligente, cuidadosamente documentada y de un ingenio deslumbrante.»** *Boston Globe*